Emily Dickinson

¡Noches Salvajes – noches Salvajes!

Edición bilingüe

Tercera edición

sabina
editorial

Prólogo

"Que Amor es todo lo que hay" es un verso de Emily Dickinson (1830-1886) que nos da la clave para entrar en su universo poético. Su obra literaria es inseparable de la relación que mantuvo desde la adolescencia hasta su muerte con Susan Huntington Dickinson, que fue amiga, amante y su principal interlocutora literaria, como consta en los más de 300 poemas que le dedicó y en la correspondencia que se conserva.

Amor y búsqueda de la belleza de una poeta con un estilo original y deslumbrante, que subvirtió los códigos establecidos de la expresión poética y las reglas sociales de la época para vivir una vida dedicada a la poesía.

En este volumen he escogido 35 poemas que reflejan la pasión y la profundidad del sentimiento amoroso de Emily hacia Susan. Hay muchísimos más que muestran todos los estados que atraviesa una relación tan duradera e intensa como ésta. Relación que fue ocultada durante mucho tiempo en un empeño por mantener la leyenda de una mujer enclaustrada, ajena a las pasiones y dedicada a escribir versos que hablaban de abejas y flores, amaneceres y ocasos.

Cuando se leen sus poemas de amor, las flores y las abejas están llenas de erotismo y de sensualidad. Las fases del día y las estaciones del año son referencias a los encuentros entre las amantes. Los elementos de la naturaleza, las aguas, los minerales, los colores, son expresión de la sexualidad femenina. "Profundidades de Rubí, sin apurar / Escondidas, Labio, para Ti –". Susan es el Verano, la Mañana, el Abejorro, la Gema y también la arquera (nació en diciembre). Emily es la Leoparda de piel moteada (era pelirroja y pecosa), el Pavo Real y el Pájaro que canta; ambas son Abejas, Mariposas.

La poesía de Emily Dickinson puede ser directa y vehemente, y al tiempo velar la escena que describe. Tiene imágenes sublimes, y también utiliza la ironía con giros sorprendentes que nos descolocan y con los que evita caer en la sensiblería. Incluso cuando escribe sobre el sufrimiento es contundente, no hay desolación ni victimismo. Y siempre tiene presente la inocencia y la fidelidad en el amor, como en "Nosotras aprendimos el Todo del Amor –".

"Hermana – / Muéstrame / la Eternidad, y / yo te mostraré / la Memoria" o "Tú constituiste el Tiempo – / Que yo consideré Eternidad –". Versos que reflejan su maestría para acotar con el lenguaje la dimensión de infinitud de su pensamiento, que está asociada indisolublemente a su idea de la eternidad en el amor. "El compartirte / una garantía / de inmortalidad", el placer sublime, el éxtasis del amor, se encuentra también en su visión del alma.

Emily Dickinson nació y vivió toda su vida en Amherst, Massachusetts, y allí está enterrada junto a su madre, su padre y su hermana. En una carta dirigida a sus primas Norcross escribió: "Apenas sé por dónde empezar, pero el amor es siempre un lugar seguro". Amor que ella mantuvo a pesar de que las circunstancias no fueran fáciles: Susan se casó con el hermano de Emily, Austin, y tuvieron tres hijos; vivieron en casas contiguas toda su vida. Lo difíciles que fueron las relaciones familiares se refleja una y otra vez en los poemas de Emily.

Unos años antes de morir Emily, Austin se hizo amante de Mabel Loomis Todd, un hecho que además de causar graves enfrentamientos familiares que duraron generaciones, está en el origen de la falsa leyenda que se ha transmitido de la poeta, ya que Mabel se apropió de parte de su legado y lo editó intentando eliminar las referencias a Susan.

Esta selección de poemas es una muestra de cómo el amor entre ellas atraviesa la obra poética de Emily Dickinson. No hay más que leerlos.

CARMEN OLIART DELGADO DE TORRES

Nota a esta edición

La transcripción y la traducción de estos Poemas y Cartas están realizadas directamente a partir de los Manuscritos de la autora, evitando así intervenciones editoriales que a lo largo del tiempo no han respetado la obra de Emily Dickinson. Desde 2013, los Manuscritos se pueden consultar libremente en el Emily Dickinson Archive (http://www.edickinson.org/works).

¡Noches Salvajes – noches Salvajes!
Wild nights – Wild nights!

Traducción de
Ana Mañeru Méndez y
Carmen Oliart Delgado de Torres

[Poem 1747]

That Love is all there is
Is all we know of Love,
It is enough, the freight should be
Proportioned to the groove.

Emily

[Poema 1747]

Que Amor es todo lo que hay
Es todo lo que sabemos de Amor,
Es suficiente, la carga debe ser
Proporcional al surco.

Emily

[66]

Baffled for just a day or two –
Embarrassed – not afraid –
Encounter in my garden
An unexpected Maid.

She beckons, and the woods start –
She nods, and all begin –
Surely, such a country
I was never in!

[66]

Desconcertada solo durante un día o dos –

Turbada – no temerosa –

Encuentro en mi jardín

Una Joven inesperada.

Ella hace un gesto, y comienzan los bosques –

Ella asiente, y empieza todo –

¡Ciertamente, en un país así

Yo no había estado nunca!

[**1436**]

To own a

Susan of

my own

Is of itself

a Bliss –

Whatever Realm I

forfeit, Lord,

Continue me

in this!

Emily.

[1436 (Carta 178)]

Poseer una

Susan

mía propia

Es de por sí

una Bienaventuranza –

Sea el que sea

el Reino que yo

pierda por condena, Señor,

¡Perpetúame

en este!

                    Emily.

[**1254**]

Let my first

knowing be of

thee

With mornings's

warming Light –

And my first

Fearing, lest

Unknows

Engulph thee

in the night –

[1254]

Que mi primer

saber sea de

ti

Con la Luz de la mañana

que calienta –

Y mi primer

Temor, no sea que

Desconocidos

Te sumerjan

en la noche –

[531]

We learned the Whole of Love –
The Alphabet – the Words –
A Chapter – then the
mighty Book –
Then – Revelation closed –

But in each Other's eyes
An Ignorance beheld –
Diviner than the Childhood's
And each to each, a Child –

Attempted to expound
What Neither – understood –
Alas, that Wisdom is
so large –
And Truth – so manifold!

[531]

Nosotras aprendimos el Todo del Amor –

El Alfabeto – las Palabras –

Un Capítulo – luego el

grandioso Libro –

Luego – la Revelación se cerró –

Pero en los ojos de la Otra

Una Ignorancia contemplábamos –

Más Divina que la de la Infancia

Y cada una para la otra, una Niña –

Que intentaba exponer

Lo que Ninguna – entendía –

¡Ay, que la Sabiduría es

tan extensa –

Y la Verdad – tan múltiple!

[56]

I've got an arrow here.
Loving the hand that sent it
I the dart revere.

Fell, they will say, in "skirmish"!
Vanquished, my soul will know
By but a simple arrow
Sped by an archer's bow.

[56]

Tengo aquí una flecha.
Amando la mano que la envió
Reverencio el dardo.

¡Cayó, dirán, en una "escaramuza"!
Vencida, mi alma sabrá
Que por solo una simple flecha
Lanzada por el arco de una arquera.

[**269**]

Wild nights – Wild nights!
Were I with thee
Wild nights should be
Our luxury!

Futile – the winds –
To a Heart in port –
Done with the Compass –
Done with the Chart!

Rowing in Eden –
Ah – the Sea!
Might I but moor – tonight –
In thee!

[**269**]

¡Noches Salvajes – noches Salvajes!

¡Si yo estuviera contigo

Las noches Salvajes serían

Nuestro lujo!

¡Fútiles – los vientos –

Para un Corazón en puerto –

Que ha terminado con la Brújula –

Que ha terminado con la Carta de Marear!

Remando en el Edén –

¡Ah – el Mar!

¡Si yo pudiera tan solo amarrar – esta noche –

En ti!

[**119**]

If this is "fading"

Oh let me immediately "fade"!

If this is "dying"

Bury – me, in such a shroud of red!

If this is "sleep,"

On such a night

How proud to shut the eye!

Good evening, gentle Fellow men!

<u>Peacock</u> presumes to die!

[119]

Si esto es "consumirse"

¡Oh deja que "me consuma" inmediatamente!

Si esto es "morir"

¡Entierra – me en una mortaja de rojo como esta!

Si esto es "dormir",

En una noche como esta

¡Qué orgullo cerrar los ojos!

¡Buen atardecer, gentiles Compañeros!

¡El <u>Pavo Real</u> se toma la libertad de morir!

[**219**]

My River runs to Thee –

Blue Sea – Wilt welcome me?

My River waits reply –

Oh Sea – look graciously!

I'll fetch thee <u>Brooks</u>!

From spotted nooks!

<u>Say</u> Sea – <u>take</u> me?

[**219**]

/

Mi Río corre a Ti –

Mar azul – ¿me darás la bienvenida?

Mi Río espera respuesta –

Oh Mar – ¡mírame con gentileza!

¡Te llevaré <u>Arroyos</u>!

¡De rincones moteados!

<u>Di</u> Mar – ¿<u>me</u> acoges?

[**1682**]

Extol thee – could
I – Then I will
by saying nothing
new
But just
the fair – aver-
ring –
That thou art
heavenly –
Perceiving thee
is evidence
That we are
of the sky
Partaking thee
a guaranty
of immortality

[1682]

Ensalzarte – podría

yo – Pues lo haré

Sin decir nada

nuevo

Sino solo

afirmando – lo

justo

Que tú eres

celestial –

El percibirte

es evidencia

De que nosotras somos

del cielo

El compartirte

una garantía

de inmortalidad

Of all the Souls

that stand create –

I have Elected – One –

When Sense from Spirit –

files away –

And Subterfuge – is done –

When that which is –

and that which was –

Apart – intrinsic – stand –

And this brief Tragedy

of Flesh –

Is shifted – like a Sand –

When Figures show their

royal Front –

And Mists – are carved away,

[279]

De todas las Almas

que están creadas –

Yo he Elegido – Una –

Cuando el Sentido –

desfile del Espíritu –

Y el Subterfugio – se acabe –

Cuando lo que es –

y lo que fue –

Queden – intrínsecamente – aparte –

Y esta breve Tragedia

de Carne –

Sea aventada – como una Arena –

Cuando las Efigies muestren su

regia Frente –

Y las Nieblas – sean rasgadas,

Behold the Atom – I

preferred –

To all the lists of

Clay!

¡Contempla el Átomo – que yo

he preferido –

A todos los registros de

Arcilla!

[104]

A something in a summer's Day

As slow her flambeaux burn away

Which solemnizes me.

A something in a summer's noon –

A depth – an Azure – a perfume –

Transcending extasy.

And still within a summer's night

A something so transporting bright

I clap my hands to see –

Then vail my too inspecting face

Lest such a subtle – shimmering grace

Flutter too far for me –

[104]

Un algo en un Día de verano

Mientras se consumen lentamente sus antorchas

Que me solemniza.

Un algo en un mediodía de verano –

Una profundidad – un Azul – un perfume –

Que trasciende el éxtasis.

E incluso dentro de una noche de verano

Un algo tan arrebatadoramente brillante

Que yo aplaudo por verlo –

Entonces velo mi cara demasiado inquisitiva

No sea que una gracia tan sutil – y tintineante

Revolotee demasiado lejos para mí –

The wizard fingers never rest –

The purple brook within the breast

Still chafes it's narrow bed –

Still rears the East her amber Flag –

Guides still the sun along the Crag

His Caravan of Red –

So looking on – the night – the morn

Conclude the wonder gay –

And I meet, coming thro' the dews

Another summer's Day!

Los dedos de la maga nunca descansan –
El arroyo púrpura en el pecho
Todavía desgasta su lecho angosto –

Todavía iza el Este su Bandera de ámbar –
Guía todavía el sol por el Risco
Su Caravana de Rojo –

Así mirando – la noche – la mañana
Concluyen la alegre maravilla –
Y yo me encuentro, atravesando los rocíos
¡Otro Día de verano!

[884]

To wait an Hour – is long –
If Love be just beyond –
To wait Eternity – is short –
If Love reward the end –

[884]

Esperar una Hora – es largo –

Si Amor estuviera justo más allá –

Esperar Eternidad – es corto –

Si Amor recompensara el final –

[**1777**]

To loose thee – sweeter than to gain
All other hearts I knew.
'Tis true the drought is destitute,
But then, I had the dew!

The Caspian has his realms of sand,
It's other realm of sea.
Without the sterile perquisite,
No Caspian could be.

[1777]

Perderte – más dulce que ganar

Todos los demás corazones que conocía.

Es verdad que la sequía es menesterosa,

¡Pero, yo tuve el rocío!

El Caspio tiene sus reinos de arena,

Es otro reino del mar.

Sin la estéril añadidura,

No habría Caspio.

[98]

South winds jostle them –

Bumblebees come –

Hover – hesitate –

Drink, and are gone –

Butterflies pause

On their passage Cashmere –

I – softly plucking,

Present them here!

[98]

Los vientos del Sur las zarandean –

Los Abejorros vienen –

Revolotean – vacilan –

Beben, y se van –

Las Mariposas se detienen

En su pasadizo Cashmere –

Yo – tirando de ellas suavemente,

¡Las presento aquí!

[**282**]

Emily –

We play at Paste –
Till qualified for
Pearl –
Then, drop the Paste –
And deem Ourself
a fool –
The Shapes, tho', were
similar,
And our new Hands
Learned Gem Tactics
Practising Sands –

                Emily –

[**282**]

Emily –

Jugamos a la Bisutería –

Hasta ser cualificadas para

la Perla –

Entonces, nos desprendemos de la Bisutería –

Y Nos consideramos

insensatas –

Las Formas, sin embargo, eran

similares,

Y nuestras nuevas Manos

Aprendieron Tácticas de Gema

Practicando con Arenas –

Emily –

[**380**]

All the letters I can write
Are not fair as this –
Syllables of Velvet –
Sentences of Plush,
Depths of Ruby, undrained,
Hid, Lip, for Thee –
Play it were a Humming Bird –
And just sipped – me –

[**380**]

Todas las cartas que yo puedo escribir

No son tan hermosas como esta –

Sílabas de Terciopelo –

Frases de Felpa,

Profundidades de Rubí, sin apurar,

Escondidas, Labio, para Ti –

Juega a que es un Colibrí –

Y – me – acababa de sorber –

[596]

Ourselves were wed one
summer – dear –
Your Vision – was in June –
And when Your little Lifetime
failed,
I wearied – too – of mine –

And overtaken in the Dark –
Where You had put me down –
By Some one carrying a Light –
I – too – received the Sign –

'Tis true – Our Futures different
lay –
Your Cottage – faced the sun –
While Oceans – and the North must be –
On every side of mine

[596]

Nosotras nos casamos un

verano – querida –

Tu Visión – fue en Junio –

Y cuando Tu pequeña Eternidad

terminó,

Yo me hastié – también – de la mía –

Y sobrepasada en la Oscuridad –

Donde Tú me habías depuesto –

Por Uno que llevaba una Luz –

Yo – también – recibí el Signo –

Es verdad – Nuestros Futuros se extendían

distintos –

Tu Casita – estaba orientada al sol –

Mientras que Océanos – y el Norte tienen que estar –

A cada lado de la mía

'Tis true, Your Garden led the
Bloom,
For mine – in Frosts – was sown –
And yet, one Summer, we
were Queens –
But You – were crowned in June –

Es verdad, Tu Jardín encabezaba la

Floración,

Porque el mío – en Heladas – había sido sembrado –

Y sin embargo, un Verano, nosotras

fuimos Reinas –

Pero Tú – fuiste coronada en Junio –

[819]

Sue [on verso]

The luxury to

apprehend

The luxury 'twould

be

To look at Thee

a single time

An Epicure of Me

In whatsoever

Presence makes

Till for a further

food

I scarcely recollect

to starve

[**819** (**Carta 108**)]

Sue [en el reverso]

El lujo de

percibir

El lujo que

sería

MirarTe

una sola vez

Hace de Mí una Epicúrea

En cualquier

Presencia

Hasta que de más

comida

Apenas recuerdo

padecer hambre

So first am I

supplied –

The luxury to

meditate

The luxury it was

To banquet on

thy Countenance

A Sumptuousness

bestows

On plainer Days,

Whose Table, far

As Certainty – can see –

Is laden with

a single Crumb –

The Consciousness –

of Thee –

                    Emily –

Tan abastecida estoy

antes –

El lujo de

meditar

El lujo que era

Darme un festín de

tu Rostro

Una Suntuosidad

confiere

A Días más sencillos,

Cuya Mesa, hasta donde

La Certeza – puede ver –

Está cargada

con un única Miga –

La Conciencia –

de Ti –

                    Emily –

[652]

That I did always love

I bring thee Proof

That till I loved

I never lived – Enough –

That I shall love alway –

I argue thee

That love is life –

And life hath Immortality –

This – dost thou doubt –

Sweet –

Then have I

Nothing to show

But Calvary –

[652]

De que yo siempre amé

Te traigo la Prueba

De que hasta que amé

Nunca viví – Bastante –

De que amaré siempre –

Yo te argumento

Que amor es vida –

Y la vida tiene Inmortalidad –

Esto – si lo dudas –

Dulce –

Entonces nada tengo

Que mostrar

Sino Calvario –

[**201**]

With thee, in the Desert –

With thee in the thirst –

With thee in the Tamarind wood –

Leopard breathes – at last!

[**201**]

Contigo, en el Desierto –

Contigo en la sed –

Contigo en el bosque de Tamarindos –

¡La Leoparda respira – al fin!

[121]

Sue [on verso, erased]

Her breast is fit for pearls,
But I was not a "Diver" –
Her brow is fit for thrones
But I have not a crest.
Her heart is fit for <u>home</u> –
I – a Sparrow – build there
Sweet of twigs and twine
My perennial nest.

Emily –

[121 (Carta 39)]

Sue [en el reverso, borrado]

Su pecho está hecho para perlas,

Pero yo no era un "Buceador" –

Su frente está hecha para tronos

Pero yo no tengo cresta.

Su corazón está hecho para el <u>hogar</u> –

Yo – un Gorrión – construyo allí

Dulce de ramitas y guitas

Mi nido perenne.

Emily –

[**261**]

I held a Jewel in my fingers –

And went to sleep –

The day was warm, and winds were

prosy –

I said "Twill keep" –

I woke – and chid my honest

fingers,

The Gem was gone –

And now, an Amethyst

remembrance

Is all I own –

[**261**]

Yo tenía una Joya entre los dedos –

Y me quedé dormida –

El día era caluroso, y los vientos

prosaicos –

Dije "Se quedará" –

Me desperté – y reprendí a mis honestos

dedos,

La Gema ya no estaba –

Y ahora, un recuerdo de

Amatista

Es todo lo que poseo –

[17]

It's all I have to bring today –
This, and my heart beside –
This, and my heart, and all the fields –
And all the meadows wide –
Be sure you count – sh'd I forget
Some one the sum could tell –
This, and my heart, and all the Bees
Which in the Clover dwell.

[17]

Es todo lo que tengo para traer hoy –

Esto, y mi corazón al lado –

Esto, y mi corazón, y todos los campos –

Y toda la amplitud de las praderas –

Estate segura de que cuentas – si yo olvidara

Alguna podría decir la suma –

Esto, y mi corazón, y todas las Abejas

Que en el Trébol moran.

[469]

My Garden – like the Beach –

Denotes there be – a Sea –

That's Summer –

Such as These – the Pearls

She fetches – such as Me

[**469**]

Mi Jardín – como la Playa –

Denota que hay – un Mar –

Que es Verano –

Tales como Estos – las Perlas

Que Ella trae – tal como Yo

[1199]

A soft Sea washed around the House

A Sea of Summer Air

And rose and fell the magic Planks

That sailed without a care –

For Captain was the Butterfly

For Helmsman was the Bee

And an entire universe

For the delighted Crew –

[1199]

Un Mar apacible fluía alrededor de la Casa

Un Mar de Aire Veraniego

Y subían y bajaban los Tablones mágicos

Que navegaban al descuido –

Como Capitán estaba la Mariposa

Como Timonel estaba la Abeja

Y un universo entero

Como gozosa Tripulación –

[**205**]

Come slowly – Eden!

Lips unused to Thee –

Bashful – sip thy Jessamines –

As the fainting Bee –

Reaching late his flower,

Round her chamber hums –

Counts his nectars –

Enters – and is lost in Balms.

[**205**]

¡Ven despacio – Edén!

Labios no acostumbrados a Ti –

Tímidos – sorben tus Jazmines –

Como la desfallecida Abeja –

Que al llegar tarde a su flor,

Zumba alrededor de su aposento –

Cuenta sus propios néctares –

Entra – y se pierde en Bálsamos.

[1691]

Volcanoes be in Sicily

And South America

I judge from my Geography

Volcano nearer here

A Lava step at any time

Am I inclined to climb

A Crater I may contemplate

Vesubius at Home

[1691]

Volcanes habrá en Sicilia

Y Sudamérica

Yo juzgo según mi Geografía

Volcán más cerca de aquí

Un peldaño de Lava a cualquier hora

Si estoy inclinada a subir

Un Cráter puedo contemplar

Vesubio en Casa

[**1633**]

Within that little Hive
Such Hints of Honey lay
As made Reality a Dream
And Dreams, Reality –

[**1633**]

Dentro de esa pequeña Colmena

Yacían tales Insinuaciones de Miel

Que hacían Realidad un Sueño

Y Sueños, Realidad –

[1746]

Those final Creatures, – who they are –
That faithful to the close
Administer her ecstasy,
But just the Summer knows.

[1746]

Esas Criaturas decisivas, – quiénes son ellas –

Que fieles hasta el fin

Administran el éxtasis de ella,

Pero solo el Verano sabe.

[855]

Two – were immortal –

twice –

The privilege of few –

Eternity – obtained – in

Time –

Reversed – Divinity –

That our ignoble

Eyes

The Quality perceive

Of Paradise Superlative –

Thro' their – comparative.

[855]

Dos – fueron inmortales –

dos veces –

Privilegio de pocas –

La Eternidad – obtenida – en el

Tiempo –

Invirtió – la Divinidad –

Para que nuestros innobles

Ojos

Percibieran la Cualidad

De Paraíso Superlativa –

A través de su – comparativa.

[618]

To love thee year by year –

May less appear

Than sacrifice, and cease,

However, Dear,

Forever might be short,

I thought to show,

And so I pieced it with a flower, now.

[618]

Amarte año tras año –

Puede aparecer menor

Que sacrificio, y cese,

No obstante, Querida,

Por Siempre podría ser corto,

yo pensé mostrar,

Y por eso lo he completado con una flor, ahora.

[488]

You constituted Time –

I deemed Eternity

A Revelation of Yourself –

'Twas therefore Deity

The Absolute – removed

The Relative away –

That I unto Himself adjust

My slow idolatry –

[**488**]

Tú constituiste el Tiempo –

Que yo consideré Eternidad

Una Revelación de Ti –

Era por tanto Deidad

Lo Absoluto – eliminó

Lo Relativo –

De modo que yo ajustara a Él

Mi lenta idolatría –

[**1658**]

Morning

might come

by Accident –

Sister –

Night comes

by Event –

to believe the

final line of

the Card would

foreclose Faith –

Faith is <u>Doubt.</u>

    Sister –

Show me

Eternity, and

I will show you

Memory –

[1658 (Carta 228)]

La Mañana
puede llegar
por Accidente –
Hermana –
La Noche llega
como Desenlace –
creer en la
línea final de
la Misiva
excluiría la Fe –
Fe es <u>Duda</u>.

    Hermana –
Muéstrame
la Eternidad, y
yo te mostraré
la Memoria –

Both in one package

lain

And lifted back

again –

Be Sue, while

I am Emily –

Be next, what

you have ever

been, Infinity –

Ambas alojadas en una

empaquetadura

Y vueltas a levantar

otra vez –

Sé Sue, mientras

yo sea Emily –

Sé después, lo que

tú siempre has

sido, Infinitud –

[980]

Love – is anterior to Life –
Posterior – to Death –
Initial of Creation, and
The Exponent of Earth –

[**980**]

Amor – es anterior a Vida –
Posterior – a Muerte –
Inicial de Creación, y
El Intérprete de la Tierra –

List of Poems

Índice de poemas

Fuentes consultadas para esta edición: Emily Dickinson, *Cartas de Amor a Susan*, Madrid, Sabina editorial, 2021; Emily Dickinson, *Poemas y Cartas 1-600*. Madrid, Sabina editorial, 2023; Emily Dickinson Archive, http://www.edickinson.org/works.

Tercera edición: febrero 2025. ISBN: 978-84-944347-0-9. Depósito legal: M-29599-2015. IBIC/THEMA: DCF.

Tercera edición: febrero 2025.

Diseño de cubierta e interiores: Exilio Gráfico.

Impresión: Estugraf.

Colección MÍNIMA

Este libro se
imprimió en Madrid
durante el invierno
de 2025